DUDEN

Fibel

Arbeitsheft
mit Druckschriftlehrgang

Erarbeitet von Dorothea Blendinger,
Catrin Brinkmann, Birgitt Carstens,
Thomas Hanselmann, Elisabeth Hein,
Annette Neubauer, Hans Peters und
Simone Straub

Duden Schulbuchverlag
Berlin, Mannheim

Zu Seite 4/5 der Duden Fibel
1 Details aus dem Wimmelbild mit dem jeweils passenden Lautbild verbinden

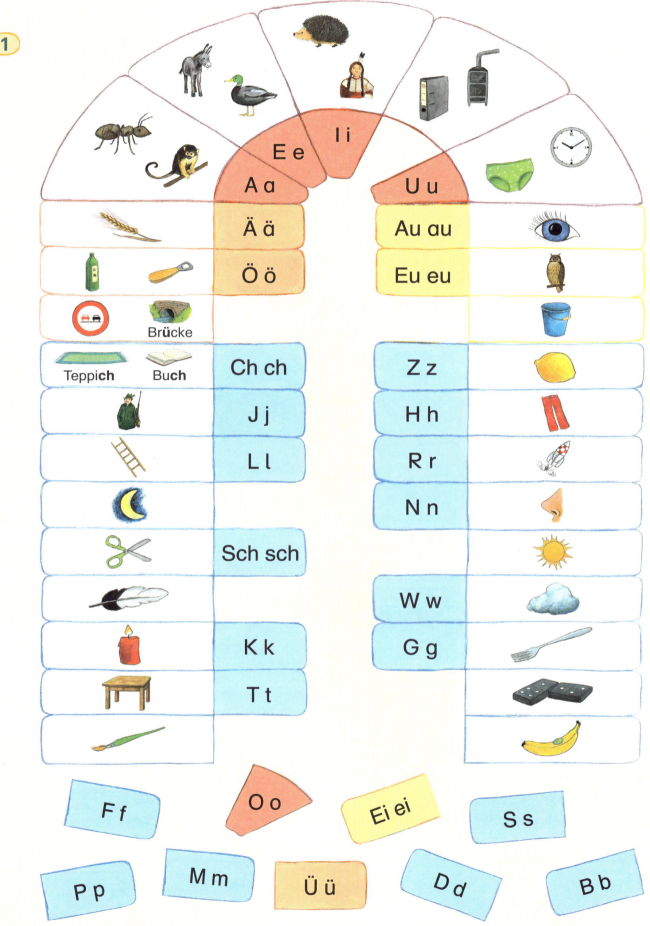

Zu Seite 6/7 der Duden Fibel
1 Buchstabensteine mit der richtigen Stelle in der Lauttabelle verbinden, Diff. (Differenzierung): Buchstaben eintragen

1

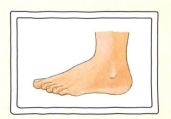 

 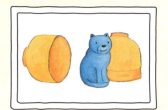

  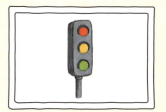

Zu Seite 6/7 der Duden Fibel
1 Rahmen der Bilder, die denselben Anlaut haben, jeweils in derselben Farbe anmalen

5

1

2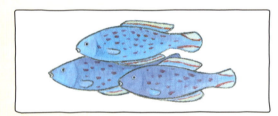

Zu Seite 8–10 der Duden Fibel
1 Buchstaben zu Lautbildern schreiben, Diff.: Wörter lesen und passende Bilder malen
2 Wörter zu den Bildern schreiben

Zu Seite 11 der Duden Fibel
1 Ganzwort **Lexi** erkennen und Schilder mit diesem Namen anmalen
2 Ganzwort **Lexi** erkennen und mit Lexi verbinden

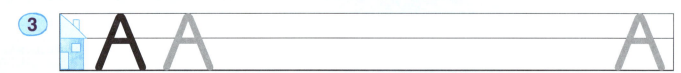

Zu Seite 12/13 der Duden Fibel
1 **A a** nachspuren und schreiben, zum Bild erzählen 2 Winkel nachspuren und malen
3 **A a** nachspuren und schreiben 4 Eigene Wörter oder Buchstaben schreiben

8

1

2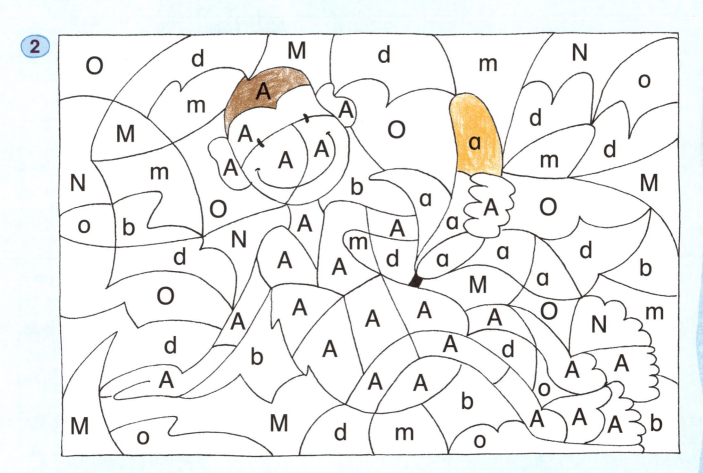

Zu Seite 12/13 der Duden Fibel
1 **A** im Anlaut hören und ggf. ankreuzen
2 Felder mit **A** braun und Felder mit **a** gelb ausmalen

9

Zu Seite 12/13 der Duden Fibel
1 Reimpaare verbinden 2 Aaaa in die Sprechblase schreiben 3 Rahmen mit **A** und **a** vervollständigen und Dinge mit **A a** im Namen malen oder aus Zeitschriften schneiden und einkleben, Diff.: Wörter schreiben

10

1

2

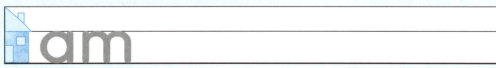

Mama

am

3

Zu Seite 14/15 der Duden Fibel
1 M m nachspuren und schreiben, zum Bild erzählen **2 M m** und Wörter mit **M m** nachspuren und schreiben
3 Eigene Wörter oder Buchstaben schreiben

11

M m

1

2

3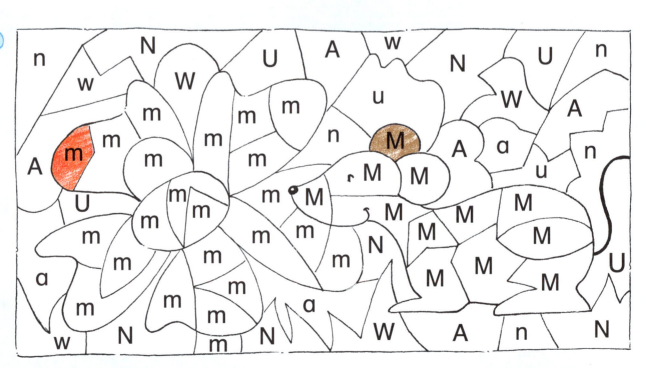

Zu Seite 14/15 der Duden Fibel
1 M m im An- oder Auslaut hören und ggf. ankreuzen **2** Weitere Dinge mit **M m** im Namen malen, Diff.: Wörter schreiben
3 Felder mit **M** braun und Felder mit **m** rot ausmalen

12

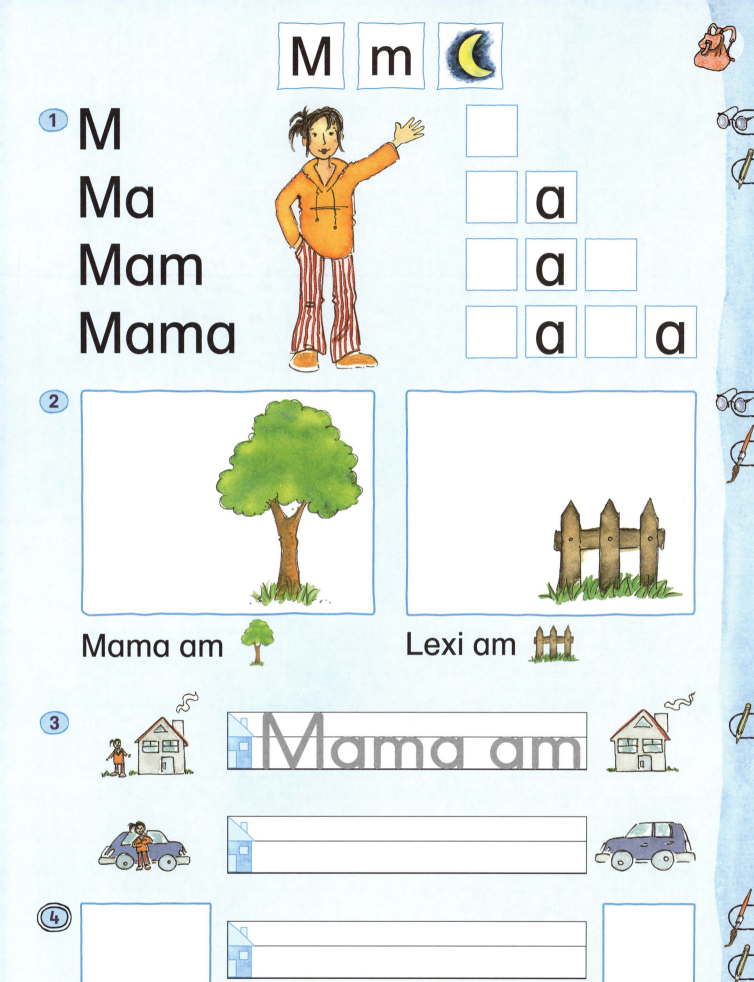

1

 2

im

Mimi

Mami

 3
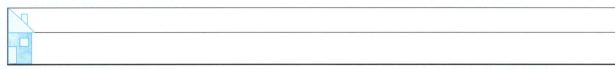

Zu Seite 16/17 der Duden Fibel
1 l i nachspuren und schreiben, zum Bild erzählen **2** l i und Wörter mit i nachspuren und schreiben
3 Eigene Wörter oder Buchstaben schreiben

Zu Seite 16/17 der Duden Fibel
1 l i im An-, In- oder Auslaut hören und ggf. ankreuzen 2 Weitere Dinge mit l i im Namen malen, Diff.: Wörter schreiben
3 Felder mit l dunkelbraun und Felder mit i hellbraun ausmalen

Zu Seite 16/17 der Duden Fibel
1 Satzanfänge mit den richtigen Bildern verbinden **2** Zusammengehörende Silben gleich anmalen und entstandene Wörter aufschreiben **3** Zu den Bildern erzählen, **im** und **am** richtig eintragen

Zu Seite 20/21 der Duden Fibel
1 **O o** nachspuren und schreiben, zum Bild erzählen 2 **O o** und Wörter mit **O o** nachspuren und schreiben
3 Eigene Wörter oder Buchstaben schreiben

O o

Zu Seite 20/21 der Duden Fibel
1 Stellung von **O o** im Wort hören und ggf. ankreuzen, Diff.: **O o** eintragen oder das ganze Wort schreiben
2 Weitere Dinge mit **O o** im Namen malen, Diff.: Wörter schreiben 3 **O o** nachspuren, Diff.: Text lesen

Oma im Zoo

Lexi am Telefon

Momo am Radio

Lexi im Kino

Zu Seite 22/23 der Duden Fibel

1 T t nachspuren und schreiben, zum Bild erzählen **2** T t und Wörter mit T t nachspuren und schreiben
3 Eigene Wörter oder Buchstaben schreiben

1

2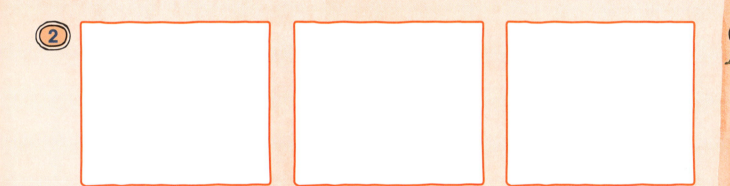

3 Lexi mit Toto am Tisch

Mimi am Telefon

Toto im Tor

Lexi mit Hut

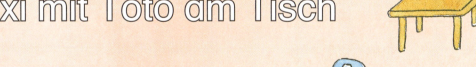

Zu Seite 22/23 der Duden Fibel
1 Stellung von **T t** im Wort hören und ggf. ankreuzen, Diff.: **T t** eintragen oder das ganze Wort schreiben
2 Weitere Dinge mit **T t** im Namen malen, Diff.: Wörter schreiben **3 T t** nachspuren, Diff.: Text lesen

L l

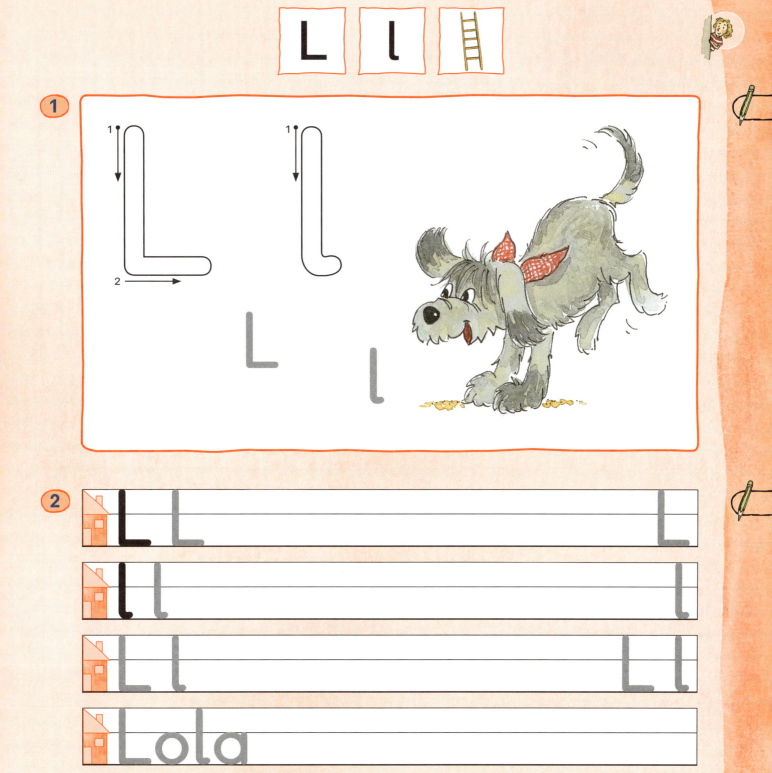

1

2

Lola

lila

toll

3

Zu Seite 24/25 der Duden Fibel
1 L l nachspuren und schreiben, zum Bild erzählen **2** L l und Wörter mit L l nachspuren und schreiben
3 Eigene Wörter oder Buchstaben schreiben

Zu Seite 24/25 der Duden Fibel
1 Stellung von **L l** im Wort hören und ggf. ankreuzen, Diff.: **L l** eintragen oder das ganze Wort schreiben
2 **L** bzw. **l** aus Zeitungen ausschneiden und einkleben 3 Felder mit **L** gelb und Felder mit **l** blau ausmalen

1

L o l a	M a m a	L i m o
L o l	M a	L i m
L o	M a	L i
L	M a	L i
L i	M o	L i
L i m	M o m	L i m
L i m o	M o m o	L a m a

2

 Lexi malt Lola.

 Lexi malt _____.

 Lola _____.

 _____.

Zu Seite 24/25 der Duden Fibel
1 Wörter ab- bzw. aufbauend lesen und Buchstaben ergänzen
2 Zu den Bildern erzählen, Sätze nachspuren und ergänzen

25

Gewusst wie ...

Zu Seite 26 der Duden Fibel
1 Wörter aufbauen und Buchstaben ergänzen
2 Wörter in Silben sprechen und dazu klatschen, Silbenbögen zeichnen

1

2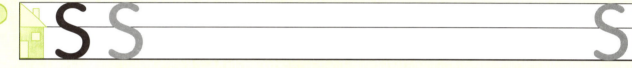

3

Zu Seite 28/29 der Duden Fibel
1 **S s** nachspuren und schreiben, zum Bild erzählen 2 **S s** und Wörter mit **S s** nachspuren und schreiben
3 Eigene Wörter oder Buchstaben schreiben

27

1

2 S   S   S
    A   alat   A   alami   A   st
    M   M   M

3

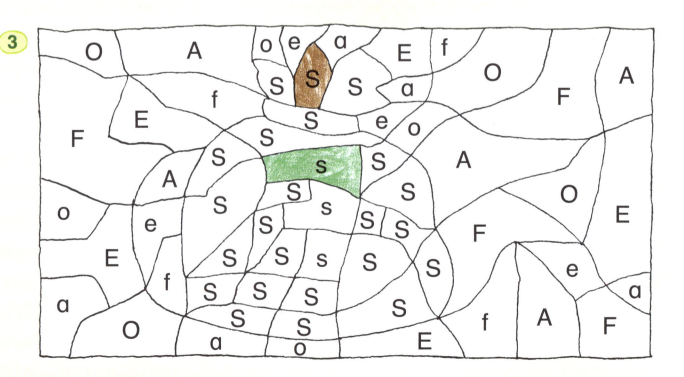

Zu Seite 28/29 der Duden Fibel
1 Stellung von **S s** im Wort hören und ggf. ankreuzen, Diff.: **S s** eintragen oder das ganze Wort schreiben
2 Wortteile mit jeweils passendem Anlaut verbinden   3 Felder mit **S** braun und Felder mit **s** grün ausmalen

Zu Seite 28/29 der Duden Fibel
1 Buchstaben zu Lautbildern schreiben, Wörter erlesen und aufschreiben, passende Bilder anmalen
2 Zum Bild erzählen, Sätze bilden und aufschreiben 3 Eigenen Satz schreiben und malen

F f

1

2

F F · · · F

f f · · · f

F f · · · F f

Foto

fit

oft

3

Zu Seite 30/31 der Duden Fibel
1 F f nachspuren und schreiben, zum Bild erzählen **2 F f** und Wörter mit **F f** nachspuren und schreiben
3 Eigene Wörter oder Buchstaben schreiben

1

Zu Seite 30/31 der Duden Fibel
1 F f im An-, In- oder Auslaut hören und Gegenstände ggf. anmalen **2 F f** erkennen und einkreisen
3 Felder mit **F** grün und Felder mit **f** rot ausmalen

31

F f

1

☐ Toto ist fast am Ast.
☐ Toto ist fast am Mast.

☐ Lola ist am .
☐ Lola ist im .

2

Toto am Sofa   Lexi mit 3 Fotos

3

Lexi filmt Lola.
Lola
Toto

4

Zu Seite 30/31 der Duden Fibel
1 Lesen und richtige Sätze ankreuzen **2** Lesen und Bilder nach den Angaben ergänzen
3 Zum Bild erzählen, Sätze nachspuren und ergänzen **4** Eigenen Satz schreiben und malen

E e

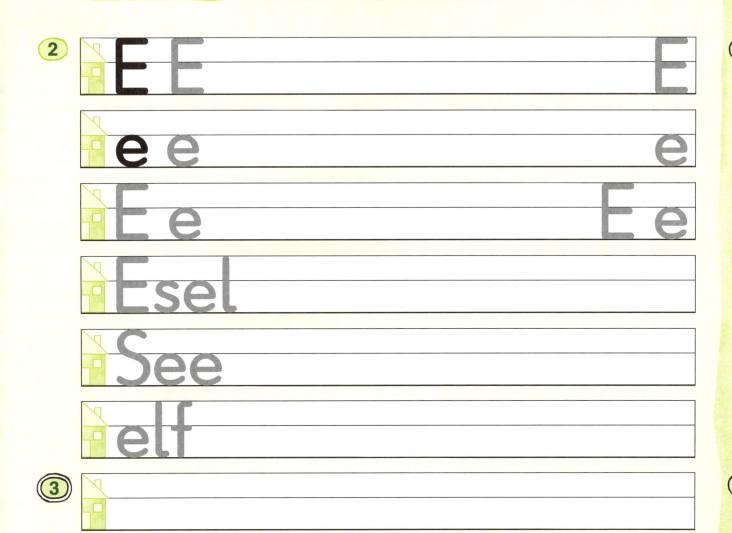

Esel

See

elf

Zu Seite 32/33 der Duden Fibel
1 **E e** nachspuren und schreiben, zum Bild erzählen 2 **E e** und Wörter mit **E e** nachspuren und schreiben
3 Eigene Wörter oder Buchstaben schreiben

E e

1

2

3

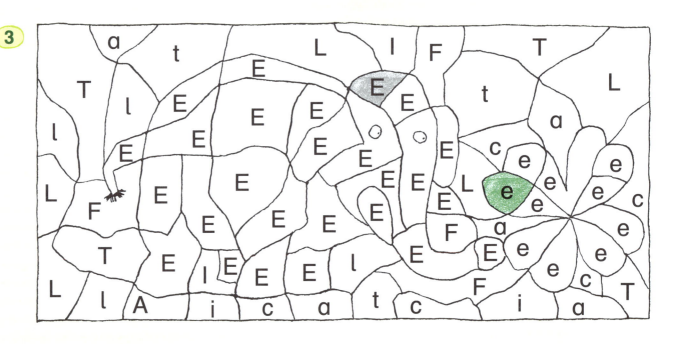

Zu Seite 32/33 der Duden Fibel
1/2 **E e** im An-, In- oder Auslaut hören und ankreuzen, Diff.: **E e** eintragen oder das ganze Wort schreiben, Wörter genau sprechen und Klangvarianten erkennen 3 Felder mit **E** grau und Felder mit **e** grün ausmalen

1

2

U U   U u

u u   u

U u   U u

Ufo

Luft

Mut

3

Zu Seite 34/35 der Duden Fibel
1 U u nachspuren und schreiben, zum Bild erzählen **2 U u** und Wörter mit **U u** nachspuren und schreiben
3 Eigene Wörter oder Buchstaben schreiben

36

1

2

3

Zu Seite 34/35 der Duden Fibel
1/2 **U u** im An-, In- oder Auslaut hören und ankreuzen, Diff.: **U u** eintragen oder das ganze Wort schreiben, Wörter genau sprechen und Klangvarianten erkennen 3 Felder mit **U** grün und Felder mit **u** braun ausmalen

37

U u

1

2

S	u	s	i		L	o	l	a		T	o	t	o
S	u	s											
S	u												
S						L							
S	o												
S	o	f											
S	o	f	a		L	u	f	t		T	u	t	e

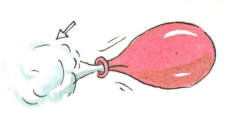 

Zu Seite 34/35 der Duden Fibel
1 Buchstaben zu Lautbildern schreiben, Wörter erlesen und aufschreiben, passende Bilder anmalen
2 Wörter ab- bzw. aufbauend lesen und Buchstaben ergänzen

 1

 2 P P   P

p p   p

P p   P p

Papa

Puppe

Opi

 3

Zu Seite 38/39 der Duden Fibel
1 **P p** nachspuren und schreiben, zum Bild erzählen   2 **P p** und Wörter mit **P p** nachspuren und schreiben
3 Eigene Wörter oder Buchstaben schreiben

40

Zu Seite 38/39 der Duden Fibel
1 **P p** im An- oder Inlaut hören und Gegenstände ggf. anmalen
2 Weitere Dinge mit **P p** im Namen malen, Diff.: Wörter schreiben 3 **P p** erkennen und einkreisen

41

P p

1

☐ Toto mit Papa   ☐ Lolas Familie

☐ Totos Familie   ☐ Lola mit Opa

2

Pal	pe
Lam	me
Pa	pe
Tul	pa
O	pel
Am	pa

Zu Seite 38/39 der Duden Fibel
1 Sätze lesen und den Bildern zuordnen
2 Wörter aus Silben bilden und aufschreiben

42

1

2 N N .... N

n n .... n

N n .... N n

Name

Nina

Nino

3

Zu Seite 40/41 der Duden Fibel
1 N n nachspuren und schreiben, zum Bild erzählen **2** N n und Wörter mit N n nachspuren und schreiben
3 Eigene Wörter oder Buchstaben schreiben

43

1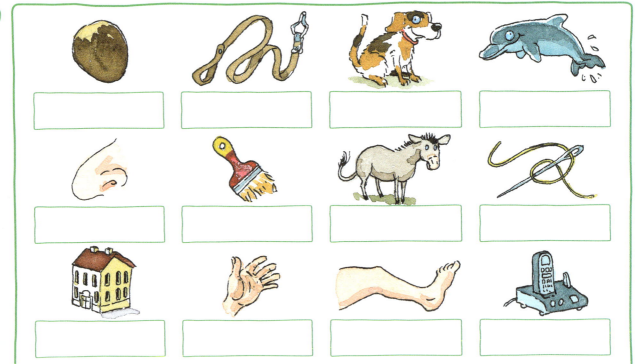

2

3

Zu Seite 40/41 der Duden Fibel
1 Stellung von **N n** im Wort hören und ggf. ankreuzen, Diff.: **N n** eintragen oder das ganze Wort schreiben
2 Weitere Dinge mit **N n** im Namen malen, Diff.: Wörter schreiben 3 **N n** einkreisen, Diff.: Namen lesen

44

N n

1
- [ ] Alle fassen Lola an.
- [ ] Lexi ist mit Toto am See.
- [ ] Nina nennt Ninos Namen.
- [ ] Lola ist an Ninas Nest.

2

Nina nimmt
Nino mit.

Nino nimmt

Lola

Toto

Zu Seite 40/41 der Duden Fibel
1 Lesen und den richtigen Satz ankreuzen
2 Zu den Bildern erzählen, Wörter nachspuren und Sätze ergänzen, letztes Bild ergänzen

45

1

2
Ch Ch   Ch
ch ch   ch
ich
Licht
ach
Nacht

3

Zu Seite 42/43 der Duden Fibel
1 Ch ch nachspuren und schreiben, zum Bild erzählen **2 Ch ch** und Wörter mit **ch** nachspuren und schreiben
3 Eigene Wörter oder Buchstaben schreiben

46

1

2

3

Es ist Nacht.
Es pocht.
Ich mache Licht.
Es ist nichts.
Ich muss lachen.

Zu Seite 42/43 der Duden Fibel
1/2 ch im In- oder Auslaut hören und ankreuzen, Diff.: **ch** eintragen oder das ganze Wort schreiben, Wörter genau sprechen und Klangvarianten erkennen 3 ch gelb nachspuren, Diff.: Text lesen

47

Ch ch

 1 ☐1 lochen ☐2 pochen ☐3 lachen

 2

👍 👎

Ist es Nacht? ☐ ☐

Ist Lexi mit Lola am Loch? ☐ ☐

Ist Nina im ? ☐ ☐

Ist Lola im ? ☐ ☐

Macht Nino Licht? ☐ ☐

 3 machen   Licht

    lachen   n

  lochen   ich

  p   m

  acht   Sachen

  N   m

Zu Seite 42/43 der Duden Fibel
1 Wörter lesen und den Bildern zuordnen   **2** Fragen lesen und richtig oder falsch ankreuzen
3 Reimwörter finden und aufschreiben

48

1

2

Ei Ei — Ei

ei ei — ei

Eis

ein

nein

Leine

3

Zu Seite 44/45 der Duden Fibel
1 Ei ei nachspuren und schreiben, zum Bild erzählen **2 Ei ei** und Wörter mit **Ei ei** nachspuren und schreiben
3 Eigene Wörter oder Buchstaben schreiben

49

Ei ei

1

2  s

S l

M  se

3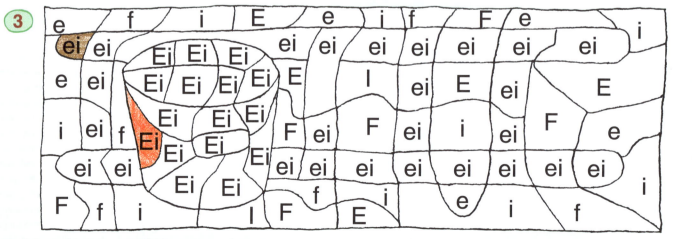

Zu Seite 44/45 der Duden Fibel
1 Stellung von **Ei ei** im Wort hören und ggf. ankreuzen, Diff.: **Ei ei** eintragen oder das ganze Wort schreiben
2 **Ei ei** eintragen und das ganze Wort schreiben 3 Felder mit **Ei** rot und Felder mit **ei** braun ausmalen

50

Ei ei

1

mein — Papa
meine
　　　Seil
　　　Mama
　　　Milch
　　　Name

mein　　　Eis
meine　　　Leine
　　　　　Puppe
　　　　　Tuch
　　　　　Nuss

2

Toto isst ein Eis.

Lexi malt ein Ei an.

3

ein	eine
Lolli	Tomate

~~Lolli~~　~~Tomate~~　Ampel　Lampe

Seil　Ameise　Nest　Eis

Zu Seite 44/45 der Duden Fibel
1 Wörter mit **mein** oder **meine** verbinden 2 Lesen und Bilder nach den Angaben ergänzen
3 Wörter in die richtige Spalte schreiben, Diff.: Abschreibstrategie beachten

51

?! Gewusst wie …

1 P**i**nsel   P**i**̣nsel   P**i**nsel

P**i**nsel   P**i**̣nsel

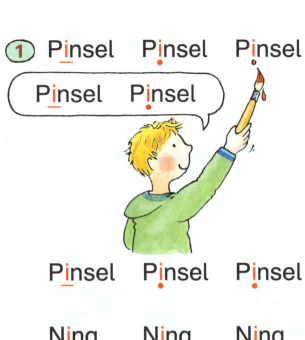

P**i**nsel	P**i**̣nsel	P**i**nsel	L**o**ch	L**o**̣ch	L**o**ch
N**i**na	N**i**̣na	N**i**na	N**e**st	N**e**̣st	N**e**st
P**u**̣ppe	P**u**̣ppe	P**u**̣ppe	L**a**ma	L**a**̣ma	L**a**ma
F**o**to	F**o**̣to	F**o**to	**E**sel	**E**̣sel	**E**sel

Pl**a**n   L**i**̣cht

2 **o? u?**

  T**o**mate? T**u**mate?

  Oho? **U**hu?

  P**o**ppe? P**u**ppe?

  Opa? **U**pa?

  F**o**to? F**u**tu?

Zu Seite 46 der Duden Fibel
1 Wörter kontrastiv mit langem und kurzem Vokal sprechen, lange und kurze Vokale entsprechend markieren
2 Wörter kontrastiv mit **O o** und **U u** sprechen und richtig aufschreiben

1

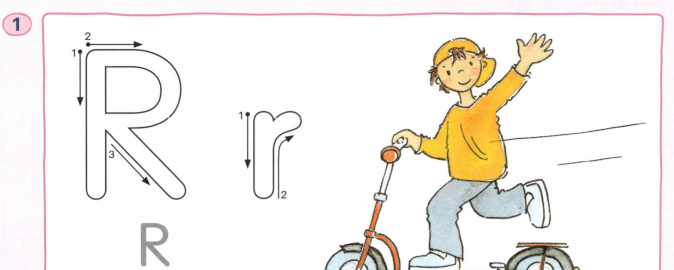

2

R R R

r r r

R r R r

Roller

rot

ruft

3

Zu Seite 48/49 der Duden Fibel
1 R r nachspuren und schreiben, zum Bild erzählen **2** R r und Wörter mit R r nachspuren und schreiben
3 Eigene Wörter oder Buchstaben schreiben

R r

1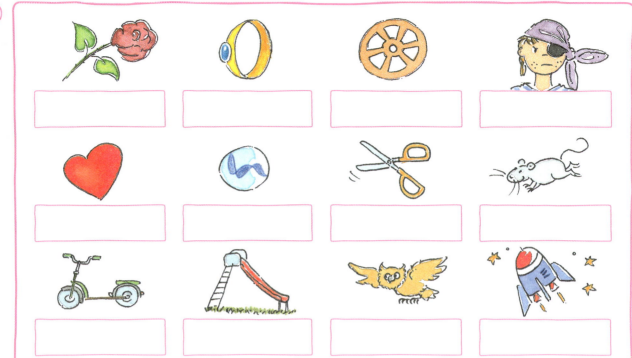

2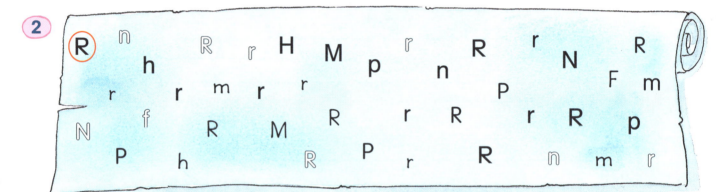

3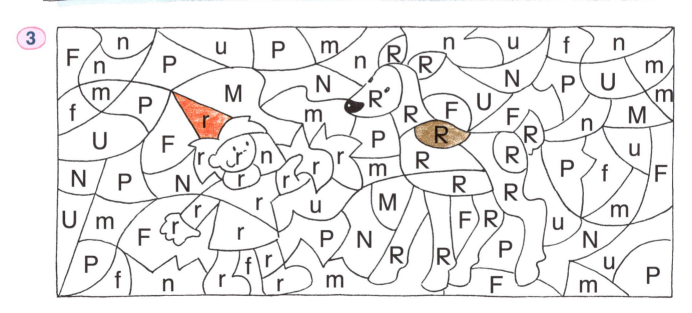

Zu Seite 48/49 der Duden Fibel

1 Stellung von **R r** im Wort hören und ggf. ankreuzen, Diff.: **R r** eintragen oder das ganze Wort schreiben
2 R r erkennen und einkreisen **3** Felder mit **R** braun und Felder mit **r** rot ausmalen

54

R r

1 Male.

Lexi malt rote Rosen.   Roman rollt einen Reifen.

Lola rennt ans Telefon.   Totos Lasso ist rot.

2 Lexi   eine Murmel.   rollt

Lexi

sucht   Roman   tolle Sachen.

eine Murmel.   nimmt   Roman

Zu Seite 48/49 der Duden Fibel
1 Lesen und Bilder nach den Angaben ergänzen
2 Sätze bilden und aufschreiben

55

1

2

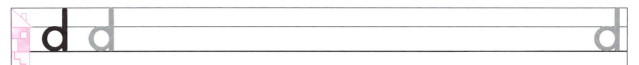
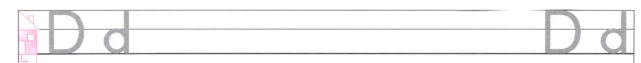
Dose
da
und

3

Zu Seite 50 der Duden Fibel
1 D d nachspuren und schreiben, zum Bild erzählen **2 D d** und Wörter mit **D d** nachspuren und schreiben
3 Eigene Wörter oder Buchstaben schreiben

56

D d

1

☐ Roman nimmt seine Feder.
☐ Roman nimmt seine Dose.
☐ Roman nimmt seine Rose.

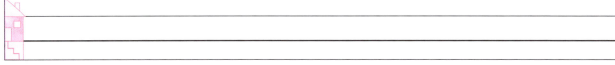

☐ Ein Ei landet in der Dose.
☐ Ein Dino landet in der Dose.
☐ Eine Murmel landet in der Dose.

2

| Turm | Fenster | Dach | Dino |

| offen | rot | nett | rund |

 Der Turm ist rund.

 Der _____ ist _____.

 Das _____.

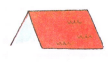 Das _____.

Zu Seite 50 der Duden Fibel
1 Lesen, den jeweils richtigen Satz ankreuzen und aufschreiben
2 Passende Wörter verbinden und die Sätze ergänzen

58

1

2

H H   H

h h   h

H h   H h

Hund

Hilfe

holen

3

Zu Seite 51 der Duden Fibel
1 H h nachspuren und schreiben, zum Bild erzählen **2 H h** und Wörter mit **H h** nachspuren und schreiben
3 Eigene Wörter oder Buchstaben schreiben

H h

1

2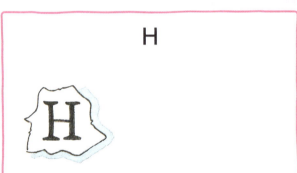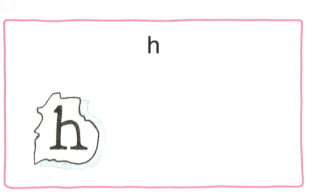

3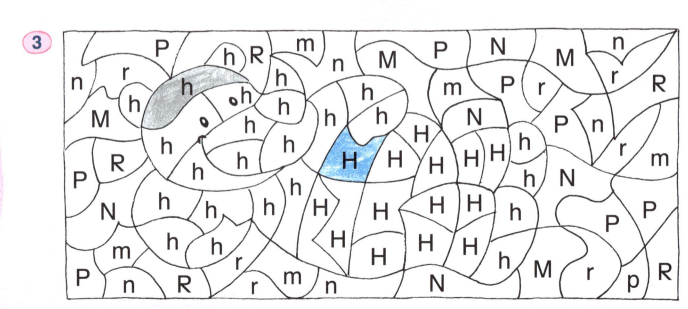

Zu Seite 51 der Duden Fibel
1 H im Anlaut hören und ggf. ankreuzen, Diff.: H eintragen oder das ganze Wort schreiben
2 H bzw. h aus Zeitungen ausschneiden und einkleben **3** Felder mit H blau und Felder mit h grau ausmalen

H h

1

2 Hilfe Hund lachen Hasso netter

Roman hat einen _____ .

Sein Name ist _____ .

Lexi ruft: „_____ !"

Lola und Toto _____ .

Hasso ist doch ein _____ Hund!

3 Lexi _____

Zu Seite 51 der Duden Fibel
1 Buchstaben zu Lautbildern schreiben, Wörter erlesen und aufschreiben, passende Bilder anmalen
2 Text lesen und Wörter in die Lücken eintragen 3 Text weiterschreiben

1

2

ie ie   ie

die

Tiere

Lied

Riese

Papier

3

Zu Seite 52/53 der Duden Fibel
1 ie nachspuren und schreiben, zum Bild erzählen **2 ie** und Wörter mit **ie** nachspuren und schreiben
3 Eigene Wörter oder Buchstaben schreiben

ie

1

2 R(ie)se Dieter fiedelt seine Lieder.
Leise Lieder? Feine Lieder?
Nein, fiese Riesenlieder!

3

Zu Seite 52/53 der Duden Fibel
1 Stellung von **ie** im Wort hören und ankreuzen, Diff.: **ie** eintragen oder das ganze Wort schreiben
2 **ie** einkreisen, Diff.: Text lesen 3 Wörter mit **der, die** oder **das** verbinden und zusammen aufschreiben

1

2 W W W

w w w

W w W w

Wald

Wiese

wir

3

Zu Seite 56/57 der Duden Fibel
1 W w nachspuren und schreiben, zum Bild erzählen **2** W w und Wörter mit W w nachspuren und schreiben
3 Eigene Wörter oder Buchstaben schreiben

1

2 Rind Turm Tanne Tal Rolle

☐anne ☐ind ☐urm ☐olle ☐al

3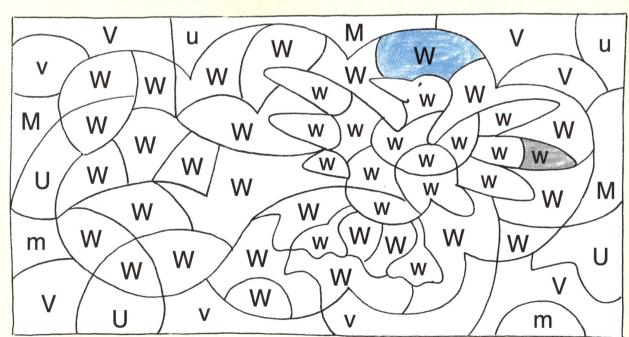

Zu Seite 56/57 der Duden Fibel
1 Stellung von **W w** im Wort hören und ggf. ankreuzen, Diff.: **W w** eintragen oder das ganze Wort schreiben
2 **W w** in den Lückenwörtern ergänzen, Reimwörter verbinden 3 Felder mit **W** blau und Felder mit **w** grau ausmalen

65

W w

1 Male.

Lola findet eine Wanne.
In der Wanne ist Wasser.
Lexi ist an der rosa Wippe.
Toto isst eine Waffel.

2 Was wittert Lola?

☐ Lola wittert eine Wurst.
☐ Lola wittert Waffeln.
☐ Lola wittert Wasser.

3

Lola riecht — eine Wurst.
Toto holt — Wasser.
Toto leert — eine Wanne.
Lola sieht — eine Wiese.
Lola findet — einen Wurm.
Toto isst — eine Waffel.

Zu Seite 56/57 der Duden Fibel
1 Lesen und Bild nach den Angaben ergänzen 2 Lesen und den richtigen Satz ankreuzen
3 Sätze erwürfeln und lesen, drei Sätze aufschreiben

K k

1

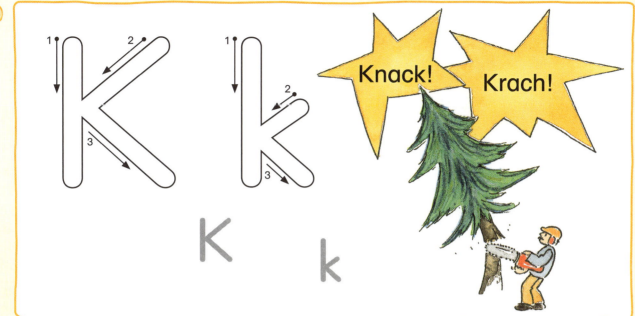

Knack! Krach!

2

K K   K

k k   k

Keks

kann

ck   ck

knacken

3

Zu Seite 58/59 der Duden Fibel
1 K k nachspuren und schreiben, zum Bild erzählen **2** K k und Wörter mit K k nachspuren und schreiben
3 Eigene Wörter oder Buchstaben schreiben

K k

1

2

3 Kleine Kinder knuspern
keine kleinen Kekse.

Krumme Krokodile kriechen
mit kleinen Kraken im Kreis.

Dicke Kuckucke hocken in
der Hecke und recken sich keck.

Zu Seite 58/59 der Duden Fibel
1 K k im An-, In- oder Auslaut hören und Gegenstände ggf. anmalen **2** Weitere Dinge mit **K k** im Namen malen, Diff.: Wörter schreiben **3** **K k** rot und **ck** blau einkreisen, Diff.: Text lesen

K k

1 Lexi, Lola und Toto sind im Wald.
Lola sieht Wolkenhunde
am Himmel.
Lexi und Toto rufen Lola.
Unter der Tanne ist ein Knochen.
Lola kommt sofort.
Der Knochen ist toll.

Wo sind Lexi, Lola und Toto?

Wer sieht Wolkenhunde?

Was ist unter der Tanne?

Wie ist der Knochen?

2 Alle Tiere fliehen.   Eine Tanne kippt um.
Ein Ast kracht herunter.

Zu Seite 58/59 der Duden Fibel
1 Text lesen und Fragen zum Text beantworten
2 Sätze lesen und zu dem jeweils passenden Bild schreiben

69

1

2 **Sch** Sch Sch

sch sch sch

Schaf

schon

Fisch

Flasche

3

Zu Seite 60 der Duden Fibel
1 Sch sch nachspuren und schreiben, zum Bild erzählen
2 Sch sch und Wörter mit **Sch sch** nachspuren und schreiben **3** Eigene Wörter oder Buchstaben schreiben

Sch sch

1

2

3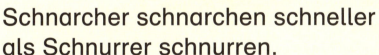
Schicke Schafe schlafen
mit Schlips und Schleier.

Schnarcher schnarchen schneller
als Schnurrer schnurren.

Schnatternde Schneider schneiden
schnell mit scharfer Schere.

Zu Seite 60 der Duden Fibel
1 Stellung von **Sch sch** im Wort hören und ggf. ankreuzen, Diff.: **Sch sch** eintragen oder das ganze Wort schreiben
2 Weitere Dinge mit **Sch sch** im Namen malen, Diff.: Wörter schreiben 3 **Sch sch** einkreisen, Diff.: Text lesen

71

Sch sch

1 Male.

Lola schnuppert an einer Kirsche.   Toto hat einen Fisch in der Tasche.

Lexi schmeckt Schokolade.   Roman schleckt ein Eis.

2 Was willst du essen? Male dein -Essen.

3

schneiden

schreien

schneien

Zu Seite 60 der Duden Fibel
1 Lesen und Bilder nach den Angaben ergänzen 2 Das eigene Lieblingsessen malen
3 Wörter lesen und zu den Bildern schreiben

72

1

2 B B   B

b b   b

B b   B b

Busch

bin

aber

3

Zu Seite 61 der Duden Fibel
1 B b nachspuren und schreiben, zum Bild erzählen **2** B b und Wörter mit B b nachspuren und schreiben
3 Eigene Wörter oder Buchstaben schreiben

73

1

  2

B	b

 3

Bonbons Bandnudeln Brei Brot Krabben

Birnen Bananen Brombeeren Himbeeren

Brokkoli Blumenkohl Bohnen Paprika

Zu Seite 61 der Duden Fibel
1 B b im An- oder Inlaut hören und Gegenstände ggf. anmalen
2 B bzw. b aus Zeitungen ausschneiden und einkleben **3** B b einkreisen, Diff.: Wörter lesen

74

B b

1

Mama liest im   Bett.

Brett.

Papa liest in einem   Block.

Bock.

Malte liest in einem   Buch.

Besuch.

Lina schreibt einen   Brief.

Bach.

2

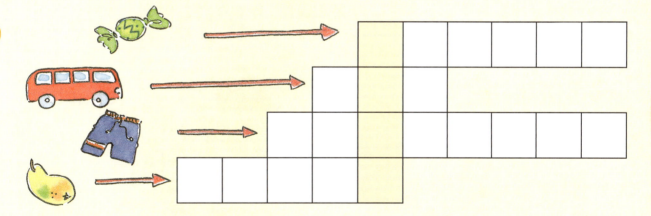

Bonbon   Birne   Bus   Badehose

Lexi, Lola und Toto wollen eine ☐☐☐☐ haben!

Zu Seite 61 der Duden Fibel
1 Sätze lesen und die Satzteile richtig verbinden
2 Rätselwörter eintragen und Lösungswort ergänzen

Gewusst wie ...

1

2 Hier musst du dir das **h** merken!

So(h)n   Fahne   Ohr   Mehl   Rahmen   Uhr

3
losfahren — ansehen
das Fernsehen — einsehen
der Fahrer — das Fahrrad
hinsehen — die Bahnfahrt

(fahren / sehen)

4 malen

lesen

Zu Seite 62 der Duden Fibel
1 H im Anlaut hören und Bilder ggf. anmalen 2 h einkreisen und Wörter abschreiben
3 Wörter nach Wortfamilien ordnen und verbinden 4 Wörter zu den Wortfamilien finden und aufschreiben

Au au

1

2
Au Au　　　　　　　　　　　　　　　　　　Au

au au　　　　　　　　　　　　　　　　　　au

Auto

Baum

Haus

schlau

3

Zu Seite 64/65 der Duden Fibel
1 Au au nachspuren und schreiben, zum Bild erzählen　**2 Au au** und Wörter mit **Au au** nachspuren und schreiben
3 Eigene Wörter oder Buchstaben schreiben

77

Au au

1

2 Lola hat einen Traum.
Eine Maus schaukelt am Ast.
Sie ruft: „Miau!"
Da wird Lola wach. Aus der Traum!

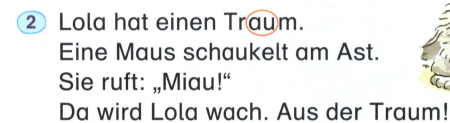

3 Male.
An der Blume ist ein Blatt.
Auf dem Blatt ist eine Raupe.
Sie frisst ein Loch in das Blatt.
Ein Maulwurf schaut
aus dem Erdhaufen.

4 T | r | au | m   ☐ | ☐ | ☐ | ☐  ☐ | ☐ | ☐

L | au | s   ☐ | ☐ | ☐  ☐ | ☐ | ☐

Zu Seite 64/65 der Duden Fibel
1 Stellung von **Au au** im Wort hören und ggf. ankreuzen, Diff.: **Au au** eintragen oder das ganze Wort schreiben
2 **Au au** einkreisen, Diff.: Text lesen 3 Lesen und Bild nach den Angaben ergänzen 4 Reimwörter ergänzen

78

1

2 G G G

g g g

G g G g

Gabel

Regal

gut

3

Zu Seite 66 der Duden Fibel
1 G g nachspuren und schreiben, zum Bild erzählen **2 G g** und Wörter mit **G g** nachspuren und schreiben
3 Eigene Wörter oder Buchstaben schreiben

1

2

Re | gen

Ga | ger

Ti | bel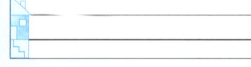

3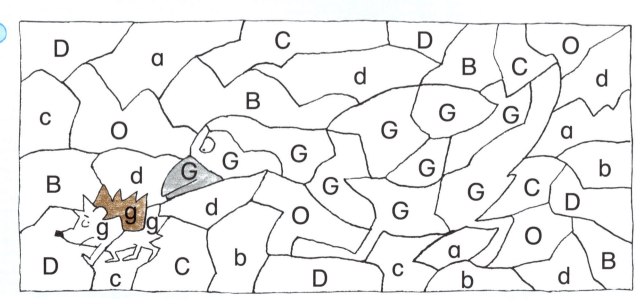

Zu Seite 66 der Duden Fibel
1 Stellung von **G g** im Wort hören und ggf. ankreuzen, Diff.: **G g** eintragen oder das ganze Wort schreiben
2 Wörter aus Silben bilden und aufschreiben 3 Felder mit **G** grau und Felder mit **g** braun ausmalen

80

1 Male.

Toto und Lexi tragen eine Kiste mit Gold.

Lexi schneidet eine Gurke in den Salat.

2

die Glocke — die Gurke — die Gabel — das Gummi

die Gabel**n**

die

die

die

Zu Seite 66 der Duden Fibel
1 Lesen und Bilder nach den Angaben ergänzen
2 Wörter in der Mehrzahl aufschreiben, Diff.: Mehrzahlendungen rot markieren

1

2 **Sp** Sp　　　　　　　　　　　　　　　　Sp

sp sp　　　　　　　　　　　　　　　　sp

Sport

Specht

Spinne

spielen

3

Zu Seite 67 der Duden Fibel
1 **Sp sp** nachspuren und schreiben, zum Bild erzählen 2 **Sp sp** und Wörter mit **Sp sp** nachspuren und schreiben
3 Eigene Wörter oder Buchstaben schreiben

1 Sprich **schp** und schreib **Sp**!

 (Sp)inne  Speer Spaten

 Specht Spirale Spuren

2  ☐ eiche ☐ argel

☐ eck ☐ iegel

 ☐ inat ☐ iel

☐ ort ☐ ardose

3 ☐ Toto spielt Domino.
☐ Toto macht Sport.
☐ Lola und Lexi spielen Domino.

☐ Lola frisst Spinat.
☐ Lola frisst einen Knochen.
☐ Lola frisst eine Wurst.

Zu Seite 67 der Duden Fibel
1 Wörter sprechen und **Sp** einkreisen **2 Sp** in den Lückenwörtern ergänzen und mit den Bildern verbinden
3 Lesen, den jeweils richtigen Satz ankreuzen und aufschreiben, Diff.: **Sp sp** einkreisen

1

2 Zz   Z

z z   z

Zirkus

zu

tz   tz

Katze

  3

Zu Seite 68/69 der Duden Fibel
1 **Z z** nachspuren und schreiben, zum Bild erzählen   2 **Z z** und Wörter mit **Z z** nachspuren und schreiben
3 Eigene Wörter oder Buchstaben schreiben

84

Z z

1

2

Katze — Schatz — Blitz
Glatze — Spritze
Platz — Kitz — Hitze

3 Zehn Ziegen zogen zehn Zentner Zucker zum Zoo.

Zauberer Zari zaubert zehn zappelnde Zwerge ins Zelt.

Katzen kratzen mit spitzen Tatzen bis Luftballons platzen.

Zu Seite 68/69 der Duden Fibel
1 Stellung von **Z z** im Wort hören und ggf. ankreuzen, Diff.: **Z z** eintragen oder das ganze Wort schreiben
2 Reimpaare verbinden **3 Z z** rot und **tz** blau einkreisen, Diff.: Text lesen

85

① **Zum Raten**

Es ist eine gelbe Frucht.
Sie ist ganz sauer.
Du kannst sie auspressen.

Sie schleicht auf
samtweichen Tatzen.
Wenn es ihr gut geht,
schnurrt sie.

Du findest sie im Wald.
Einige kannst du essen,
andere sind giftig.

die Katze   die Pilze   die Zitrone

② Wir gehen zum Zauberer.
              Schule.
              Zoo.
         zur Zirkus.
              Post.

Zu Seite 68/69 der Duden Fibel
1 Lesen und Lösungswörter eintragen
2 Wörter zu Sätzen verbinden und drei Sätze aufschreiben, Diff.: Abschreibstrategie beachten

86

1

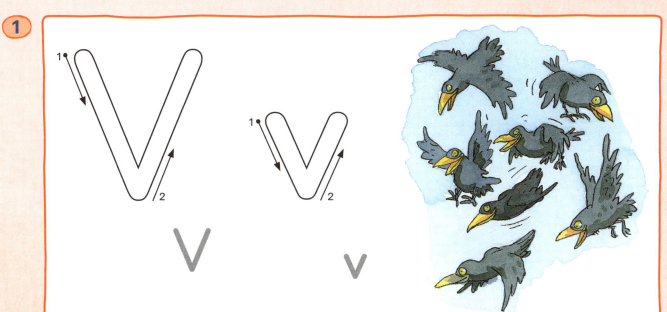

2

V v ... V

v v ... v

V v ... V v

Vogel

Vater

vor

3

Zu Seite 72/73 der Duden Fibel
1 V v nachspuren und schreiben, zum Bild erzählen **2** V v und Wörter mit V v nachspuren und schreiben
3 Eigene Wörter oder Buchstaben schreiben

87

1 **V**ogel **V**ase Video viele
von Vater Vampir Kurve
vier Ventil Klavier voll

2

Das Licht geht an. Spatz und Vampir pfeifen hier.

Ein Vampir spielt Klavier. Ein Spatz nimmt Platz.

Zu Seite 72/73 der Duden Fibel
1 Wörter nach Klang von **V v** abhören, **V v** wie *f* rot und **V v** wie *w* blau nachspuren
2 Sätze lesen und zu dem jeweils passenden Bild schreiben

1

2 St St · · · St

st st · · · st

Stern

Stein

stark

steil

3

Zu Seite 74 der Duden Fibel
1 **St st** nachspuren und schreiben, zum Bild erzählen 2 **St st** und Wörter mit **St st** nachspuren und schreiben
3 Eigene Wörter oder Buchstaben schreiben

89

St st

1 Sprich **scht** und schreib **St**!

 S̰tuhl  Stroh  Steckdose

Stock Staubsauger Streichholz

2

☐ rumpf   ☐ empel

☐ all   ☐ iefel

☐ ern   ☐ ein

☐ ift   ☐ orch

3

Toto steht   am Strand.
              am Stamm.

Toto sucht   seinen Edelstein.
              seinen Reitstiefel.

Zu Seite 74 der Duden Fibel

1 Wörter sprechen und **St** einkreisen   **2 St** in den Lückenwörtern ergänzen und mit den Bildern verbinden
3 Lesen, die passenden Satzteile verbinden und richtige Sätze aufschreiben, Diff.: **St st** einkreisen

1

2

C c   C

c c   c

C c   C c

Cent

Computer

Comic

3

Zu Seite 75 der Duden Fibel
1 C c nachspuren und schreiben, zum Bild erzählen **2** C c und Wörter mit C c nachspuren und schreiben
3 Eigene Wörter oder Buchstaben schreiben

91

1 Computer　　　Cent　　　Cola　　　Comic
Clown　　　Disco　　　Creme　　　cool
Cousin　　　clever　　　Center　　　Cabrio

2

3 Was ist das?

Eine Bildergeschichte?

Eine Maschine zum Schreiben und Spielen?

Ein Mensch, der komisch ist?

Ein Ort, an dem man tanzt?

(Lösungswörter, auf dem Kopf: ein Computer, ein Comic, ein Clown, eine Disco)

Zu Seite 75 der Duden Fibel
1 Wörter nach Klang von **C c** abhören, **C c** wie *K* rot und **C** wie *s* blau nachspuren
2 Linien nachspuren und Namen eintragen **3** Lesen und Lösungswörter eintragen

92

Eu eu

1

2
Eu Eu　　　　　　　　　　　　　　　　　　　　Eu

eu eu　　　　　　　　　　　　　　　　　　　　eu

Eule

neu

Freunde

teuer

3

Zu Seite 76/77 der Duden Fibel
1 **Eu eu** nachspuren und schreiben, zum Bild erzählen 2 **Eu eu** und Wörter mit **Eu eu** nachspuren und schreiben
3 Eigene Wörter oder Buchstaben schreiben

93

1

2 Neun scheue Eulen heulen heute hinter Neumanns teurer Scheune. Hinter Neumanns teurer Scheune heulen heute neun scheue Eulen.

3 Lexi geht in die alte _____ .

Dort liegt viel _____ .

Er _____ mit seiner Taschenlampe hinein.

Ist da ein _____ ?

Nein, eine _____ Katze hat sich versteckt.

Heu
Ungeheuer
Scheune
scheue
leuchtet

Zu Seite 76/77 der Duden Fibel
1 Stellung von **Eu eu** im Wort hören und ggf. ankreuzen, Diff.: **Eu eu** eintragen oder das ganze Wort schreiben
2 **Eu eu** einkreisen, Diff.: Text lesen 3 Text lesen und Wörter in die Lücken eintragen

94

Gewusst wie ...

1 **P oder B?**

 Pass

 Bass

Packpapier

Backpapier

K oder G?

 Karten

 Garten

Kabel

Gabel

T oder D?

 Teich

 Deich

Tusche

Dusche

2

 Vog

 Wass

 Vat   er

 Beut   el

 Fed

Mutt

Zu Seite 78 der Duden Fibel
1 Wörter deutlich sprechen und mit den passenden Bildern verbinden
2 Wortanfänge mit -er oder -el verbinden und Wörter aufschreiben

Zu Seite 80/81 der Duden Fibel
1 Ä ä und Ü ü nachspuren und schreiben, zum Bild erzählen 2 Ä ä und Ü ü und Wörter mit Ä ä und Ü ü nachspuren und schreiben 3 Eigene Wörter oder Buchstaben schreiben

Ä ä   Ü ü

2 viele B ä nke – eine Bank   viele Z   hne – ein Zahn
   viele B   lle – ein Ball   viele H   nde – eine Hand
   viele B   che – ein Bach   viele L   nder – ein Land
   viele Pl   ne – ein Plan   viele   pfel – ein Apfel

4 viele N ü sse – eine Nuss   viele H   hner – ein Huhn
   viele K   sse – ein Kuss   viele T   cher – ein Tuch
   viele H   te – ein Hut   viele B   cher – ein Buch
   viele K   he – eine Kuh   viele W   rmer – ein Wurm

Zu Seite 80/81 der Duden Fibel
1/3 Stellung von **Ä ä** bzw. **Ü ü** im Wort hören und ggf. ankreuzen, Diff.: **Ä ä** bzw. **Ü ü** eintragen oder das ganze Wort schreiben 2/4 Wörter lesen und **Ä ä** bzw. **ü** in der Mehrzahl ergänzen

97

J j

1

2

J J　　　　　　　　　　　　　　　J

j j　　　　　　　　　　　　　　　j

J j　　　　　　　　　　　　　　J j

Juni

ja

jetzt

3

Zu Seite 82 der Duden Fibel
1 J j nachspuren und schreiben, zum Bild erzählen **2** J j und Wörter mit J j nachspuren und schreiben
3 Eigene Wörter oder Buchstaben schreiben

J j

1

2

Bist du schon einmal gesegelt?
Würdest du gerne mit Lexi, Toto und Lola segeln?
Findest du, dass Lexi ein guter Kapitän ist?
Glaubst du, dass Lola Piraten verjagen kann?
Würdest du alles essen, was Toto kocht?

Ja Nein

3

Sie spielt mit Jannis Jo-Jo.   Ronja nimmt ihre Jacke.

Zu Seite 82 der Duden Fibel
1 Stellung von **J j** im Wort hören und ggf. ankreuzen, Diff.: **J j** eintragen oder das ganze Wort schreiben
2 Fragen mit Ja oder Nein beantworten 3 Sätze lesen und zu dem jeweils passenden Bild schreiben, **J j** einkreisen

99

1

2

ß ß   ß

Fuß

groß

süß

heißen

fleißig

3

Zu Seite 83 der Duden Fibel
1 ß nachspuren und schreiben, zum Bild erzählen **2** ß und Wörter mit ß nachspuren und schreiben
3 Eigene Wörter oder Buchstaben schreiben

100

1 **Weißt du es?**

Das Gegenteil von klein?

Das Gegenteil von kalt?

Das Gegenteil von schwarz?

Das Gegenteil von faul?

Das Gegenteil von sauer?

heiß   groß   süß   fleißig   weiß

2 Er **heißt** Julian und steht nun in dem Kreis.
Er sagt seinen Namen, damit es jeder **weiß**.

Ich **heiße** Julian.
Wie **heißt** du?
Ich **heiße** Jessica.

Sie _____ Jessica

und steht nun in dem Kreis.

Sie sagt ihren Namen,

damit es jeder _____ .

Ich _____ Jessica.

Wie _____ du?

Ich _____ _____ .

Zu Seite 83 der Duden Fibel
1 Lesen und Lösungswörter eintragen, ß einkreisen 2 Text lesen und passende Wörter eintragen
(nach dem Lied „Sag uns deinen Namen" von Detlev Jöcker/Lore Kleikamp)

101

Zu Seite 84/85 der Duden Fibel
1 Ö ö und Äu äu nachspuren und schreiben, zum Bild erzählen **2** Ö ö und Äu äu und Wörter mit Ö ö und äu nachspuren und schreiben **3** Eigene Wörter oder Buchstaben schreiben

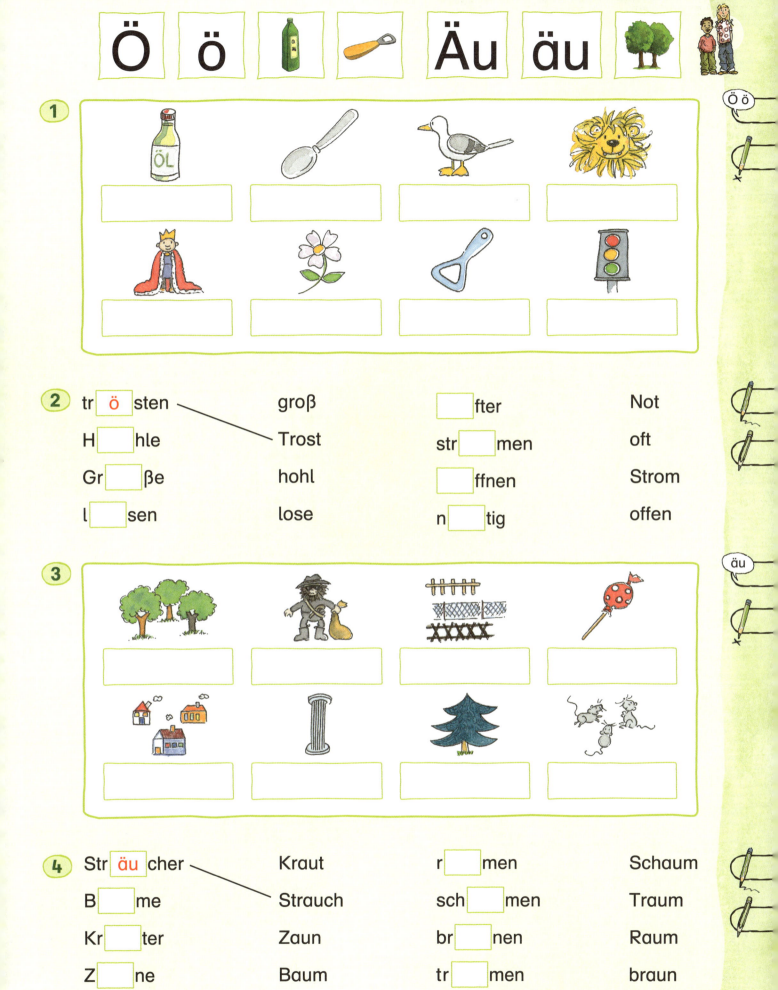

1

2

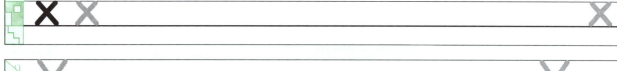

Lexi

Taxi

Axt

3

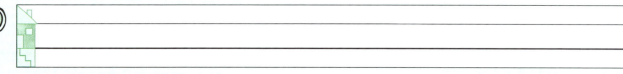

Zu Seite 88 der Duden Fibel
1 X x nachspuren und schreiben, zum Bild erzählen **2** X x und Wörter mit x nachspuren und schreiben
3 Eigene Wörter oder Buchstaben schreiben

X x

Sprich ks und schreib x!

1

A(x)t   Nixe   Taxi

Hexe   Mixer   Lexi

2

☐ Max hat eine Wunde am Bein.
☐ Max hat eine Wunde am Arm.

☐ Max fährt mit Blaulicht zum Arzt.
☐ Max fährt im Taxi zum Arzt.

☐ Doktor Xaver macht Max einen Verband.
☐ Doktor Xaver malt ein Bild von Max.

Zu Seite 88 der Duden Fibel
1 Wörter sprechen und **x** einkreisen
2 Lesen, den jeweils richtigen Satz ankreuzen und aufschreiben, **X x** einkreisen

105

Qu qu

1

2

Qu

qu

Qu qu

Quatsch

Quark

quer

3

Zu Seite 89 der Duden Fibel
1 Qu qu nachspuren und schreiben, zum Bild erzählen **2 Qu qu** und Wörter mit **Qu qu** nachspuren und schreiben
3 Eigene Wörter oder Buchstaben schreiben

Qu qu

1 Sprich **kw** und schreib **Qu** oder **qu**!

 Quartett   Querflöte    Quark

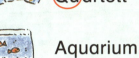 Aquarium   Qualle   Qualm

2 **So ein Quatsch!**

Quirlige Quallen quatschen lustig im Quartett.

Quabbelig quillt der Quark aus der Quelle.

Ferkel Quentin quiekt laut auf seiner Querflöte.

3 Park ▢ alle

Falle ▢ ark

Wal ▢ elle

Stelle ▢ al

matschen ▢ aken

haken ▢ er

pieken ▢ atschen

wer ▢ ieken

Zu Seite 89 der Duden Fibel
1 Wörter sprechen und **Qu qu** einkreisen **2** Text lesen und **Qu qu** einkreisen
3 Qu qu in den Lückenwörtern ergänzen, Reimwörter verbinden und aufschreiben

1

2

Y Y .... Y

y y .... y

Y y .... Y y

Baby

typisch

Xylofon

3

Zu Seite 90/91 der Duden Fibel
1 **Y y** nachspuren und schreiben, zum Bild erzählen 2 **Y y** und Wörter mit **y** nachspuren und schreiben
3 Eigene Wörter oder Buchstaben schreiben

108

Y y

1 Ba**y**by   P**y**ramide   Xylofon   Teddy
Pony   Gymnastik   Ägypten   Zylinder
Dynamo   Hobby   Gyros   Handy

2 Was ist das?

Es ist aus Stoff.　　　　　　　　Es ist kein Pferd, aber du
Du kannst damit kuscheln.　　　　kannst darauf reiten.

Es ist klein und wird gefüttert.　　Du kannst dich darin verirren.

ein Pony   ein Baby   ein Teddy   ein Labyrinth
(upside down)

3 Seemannsgarn!

| kann rechnen | Mein Pony | und schreiben. |

| Im Garten | eine Pyramide. | steht |

| isst | Gyros. | Toto | gerne |

4

Zu Seite 90/91 der Duden Fibel
1 Wörter nach Klang von **y** abhören, **y** wie *i* rot und **y** wie *ü* blau nachspuren
2 Lesen und Lösungswörter eintragen   **3** Unsinnsätze bilden und aufschreiben   **4** Eigenen Satz schreiben

109

1

2

ng ng ng

Angel

fangen

singen

Ding

Junge

3

Zu Seite 92/93 der Duden Fibel
1 ng nachspuren und schreiben, zum Bild erzählen **2 ng** und Wörter mit **ng** nachspuren und schreiben
3 Eigene Wörter oder Buchstaben schreiben

1

2 Lexi, Lola und Toto segeln schon eine lange Zeit.
Sie bekommen Hunger.
Toto fängt einen Fisch mit der Angel, aber der Fisch springt zurück ins Wasser.
„Keine Angst!", sagt Lexi zu Toto und Lola.
„Wir haben noch eine Menge Würstchen und Ölsardinen dabei.
Und als Nachtisch haben wir Pudding!"

3 Was bekommen Lexi, Lola und Toto?

Womit fängt Toto einen Fisch?

Was haben sie als Nachtisch?

Zu Seite 92/93 der Duden Fibel
1 Stellung von **ng** im Wort hören und ggf. ankreuzen, Diff.: **ng** eintragen oder das ganze Wort schreiben
2 Text lesen und **ng** einkreisen 3 Fragen zum Text beantworten

?! Gewusst wie ...

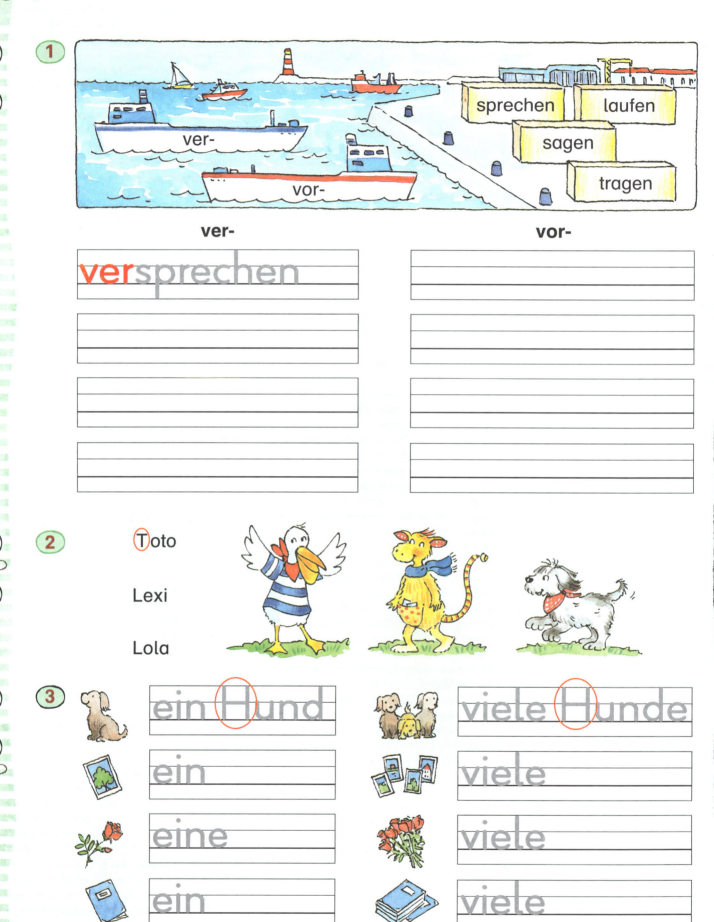

1

ver-   **vor-**

versprechen

2 Toto   Lexi   Lola

3 ein Hund   viele Hunde
ein   viele
eine   viele
ein   viele

Zu Seite 94 der Duden Fibel
1 Wörter mit Vorsilben verbinden und aufschreiben   **2** Anfangsbuchstaben einkreisen und Namen mit Bildern verbinden   **3** Wörter in Einzahl und Mehrzahl aufschreiben und Anfangsbuchstaben einkreisen